RESIDENTIAL ARCHITECTURE

GARDENS
IDEAS & DETAILS

RESIDENTIAL ARCHITECTURE. GARDENS. IDEAS & DETAILS
Copyright © 2015 Instituto Monsa de ediciones

Editor, concept, and project director
Josep María Minguet

Project's selection, design and layout
Patricia Martínez (equipo editorial Monsa)

INSTITUTO MONSA DE EDICIONES
Gravina 43 (08930)
Sant Adrià de Besòs
Barcelona (Spain)
Tlf. +34 93 381 00 50
www.monsa.com
monsa@monsa.com

Visit our official online store!
www.monsashop.com

Follow us on facebook!
facebook.com/monsashop

ISBN: 978-84-16500-02-4
D.L. B 22222-2015
Printed by Indice

INTRODUCTION

Landscape design is the theme that joins together the projects presented in this book: the art of designing gardens and terraces to transform the house in a pleasant space. It is also a way of thinking about the surroundings of a house as one more habitable space.

In the following pages you will find projects with numerous plans and gardening details that will analyse in depth aspects such as the type of plants used, the distribution of the space with the elements that configure it: lawn, hard surfaces… as well as technical details relative to the materials used.

The projects presented here are fresh and attractive present-day examples of landscape architecture. Landscape architects find solutions and apply technologically advanced architectonic technics, as well as systems for the reutilization of water and specific materials to design outdoors spaces of great beauty.

The use of icons helps to distinguish immediately if we are talking about an urban or rural project, if there are hard surfaces or vegetation and it there are aquatic elements included such as a pond or swimming pool.

El paisajismo es el tema que une a los proyectos presentados en este libro: el arte de diseñar jardines y terrazas, para transformar la vivienda en un espacio agradable. Es también pensar en el entorno de la casa como un espacio habitable más.

En las siguientes páginas encontraréis proyectos con abundantes planos y detalles de jardinería que analizan en profundidad aspectos como los tipos de plantas utilizados, la distribución del espacio con los elementos que lo configuran: césped, superficies duras… así como detalles técnicos relativos a los materiales utilizados.

Los proyectos presentados son ejemplos actuales, frescos y atractivos de arquitectura del paisaje. Los arquitectos paisajistas encuentran soluciones y aplican técnicas arquitectónicas tecnológicamente avanzadas, así como sistemas para la reutilización del agua y materiales específicos para diseñar espacios exteriores de gran belleza.

La utilización de iconos ayudan a distinguir al momento si se trata de un proyecto urbano o rural, si hay superficies duras o con vegetación, y si se incluyen elementos acuáticos como algún estanque o piscina.

 Urban environment
Entorno urbano

 Rural environment
Entorno rural

 Superfícies duras
Hard surfaces

 Zona verde
Green area

 Water feature
Elemento acuático

TITLIS GARDEN

ARCHITEKTURBUREAU GARZOTTO
LANDSCAPE ARCHITECT: FLETCHER STUDIO
Location: Zurich, Switzerland
Photographer: © Bruno Helbling

Titlis garden is located on a forested steep site below an existing house. The site conditions required the construction of retaining walls, which become the dominant feature of this design. The architects have created a self-regulating garden with a self-sustainable bio-pool is and small scale wetlands, which are home to many bog plants, cattails, irises, rushes sedges and water lilies.

El jardín Titlis está ubicado en una pendiente arborada a los pies de la vivienda. La orografía del sitio obligó a la construcción de muros de retención, que aportan al proyecto su singularidad. Los arquitectos han creado un jardín auto regulable con una piscina ecológica y algunas pequeñas pozas, en las que crecen plantas acuáticas, lirios, juncos...

Site plan
Plano de situación

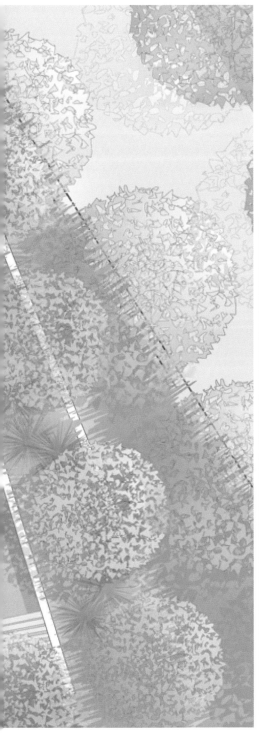

Gabion walls organize this outdoors space consisting of a bio-pool, a jacuzzi, a fully equipped kitchen and a pergola with retractable shading and overhead infrared heating.

Estos muros organizan el espacio en el que se encuentran una piscina ecológica, un jacuzzi, cocina y área de estar-comedor exterior dotada de baldas retractables para dar sombra y lámparas de infrarrojos.

SAN-SEN HOUSE

ALEJANDRO SÁNCHEZ GARCÍA
Location: Valle de Bravo, Mexico
Photographer: © Jaime Navarro Soto

This project is based on a steel structure that floats on the ground. It is lined with wood and glass, and the construction allows for spaces to be opened up or closed off in line with the views. Through a series of courtyards, pavilions and well-lit interiors, the house exudes an aura of sophistication and elegance that is rare in the heart of a wooded setting.

El proyecto se asienta sobre una estructura de acero que flota en el terreno. Está forrado de madera y vidrio y el sistema constructivo permite abrir y cerrar los espacios dependiendo de las vistas. La vivienda, por medio de una serie de patios, pabellones e interiores abiertos bien iluminados, desprende un aura de sofisticación y elegancia poco común en el corazón de un entorno boscoso.

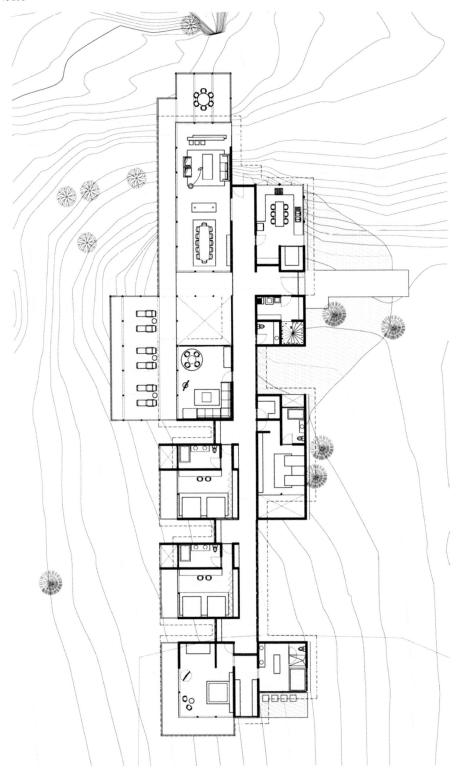

Floor plan
Planta

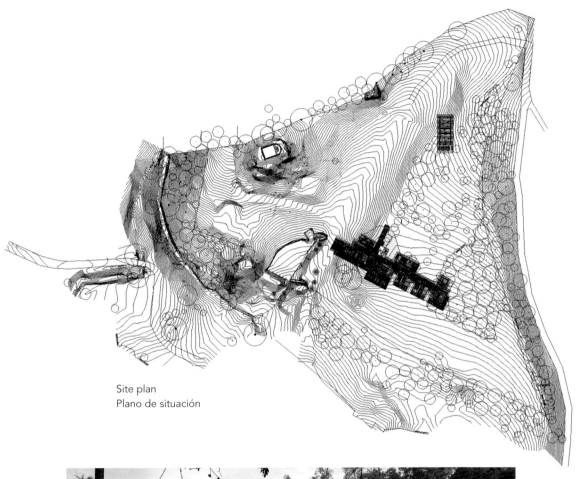

Site plan
Plano de situación

MILL VALLEY HOUSE

CCS ARCHITECTURE
Location: Marin, California, USA
Photographer: © Paul Dyer

Intimate connections to groves of redwood trees, and the steepness of the site are the inspiration and the guiding element for the architecture of this house. The main living level connects to the outdoors as much as possible through glass sliding doors leading to a deck only a few feet away from a grove of ancient redwoods.

La proximidad a una arboleda de secuoyas y la abrupta orografía del emplazamiento son la inspiración y la guía de la arquitectura de esta vivienda. La sala de estar está íntimamente ligada al exterior a través de una puerta corredera de cristal que la comunica con una terraza a pocos metros de una arboleda de antiguas secuoyas.

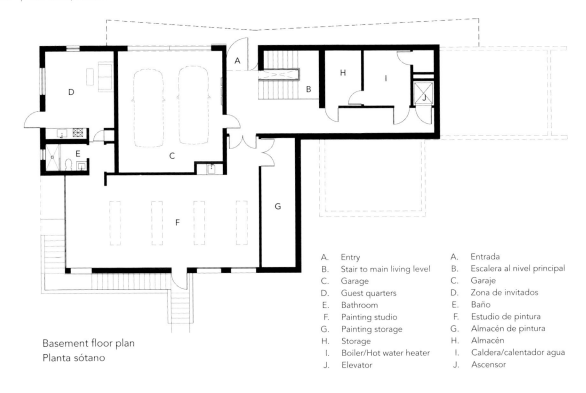

A.	Entry	A.	Entrada
B.	Stair to main living level	B.	Escalera al nivel principal
C.	Garage	C.	Garaje
D.	Guest quarters	D.	Zona de invitados
E.	Bathroom	E.	Baño
F.	Painting studio	F.	Estudio de pintura
G.	Painting storage	G.	Almacén de pintura
H.	Storage	H.	Almacén
I.	Boiler/Hot water heater	I.	Caldera/calentador agua
J.	Elevator	J.	Ascensor

Basement floor plan
Planta sótano

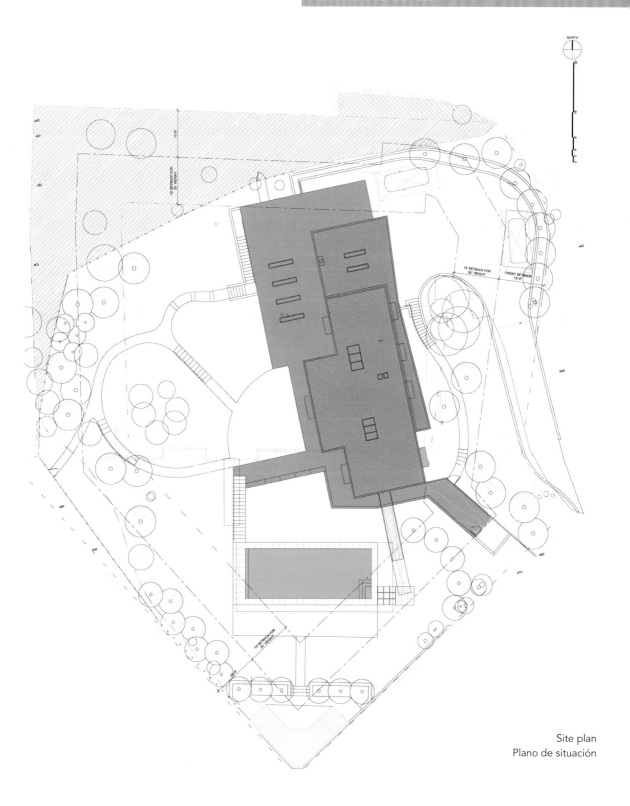

Site plan
Plano de situación

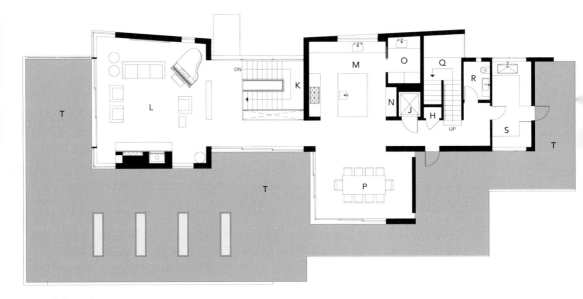

Ground floor plan
Planta baja

K.	Stairs from below	K. Escalera hacia abajo
L.	Living room	L. Sala de estar
M.	Kitchen	M. Cocina
N.	Desk	N. Escritorio
O.	Pantry	O. Despensa
P.	Dining room	P. Comedor
Q.	Stair to second floor	Q. Escalera al segundo piso
R.	Powder room	R. Aseo
S.	Laundry room	S. Sala de lavandería
T.	Deck	T. Cubierta
U.	Master bedroom	U. Dormitorio principal
V.	Master bathroom	V. Baño principal
W.	Dressing room	W. Vestidor
X.	Guest room	X. Cuarto de invitados
Y.	Office	Y. Despacho
Z.	Ramp to yard and pool	Z. Rampa a patio y piscina

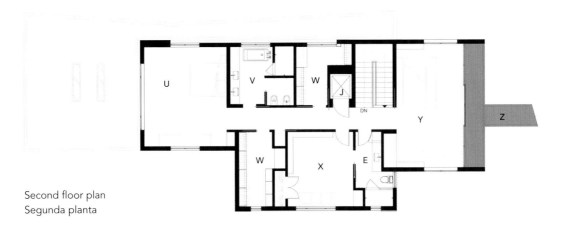

Second floor plan
Segunda planta

BALCONY OF A PRIVATE HOME

LANDSCHAPSARCHITECTENBUREAU
LANDSCAPE ARCHITECT: JOS VAN DE LINDELOOF TUIN-EN
Location: Dock van Delft, Delft, The Netherlands
Photographer: © Owner and Jos van de Lindeloof

Jos van de Lindeloof's starting points in the design of this terrace were the stipulations laid down by the client: privacy, tranquillity, simplicity, protection from the wind and a natural feel.

El punto de partida de Jos van de Lindeloof en el diseño de esta terraza son las premisas indicadas por el cliente: privacidad, tranquilidad, sencillez, protección contra el viento y un aspecto natural.

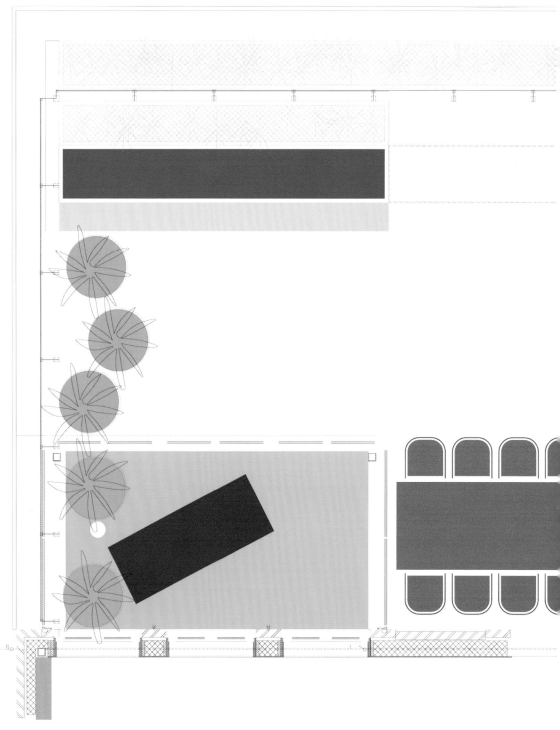

Floor plan
Planta

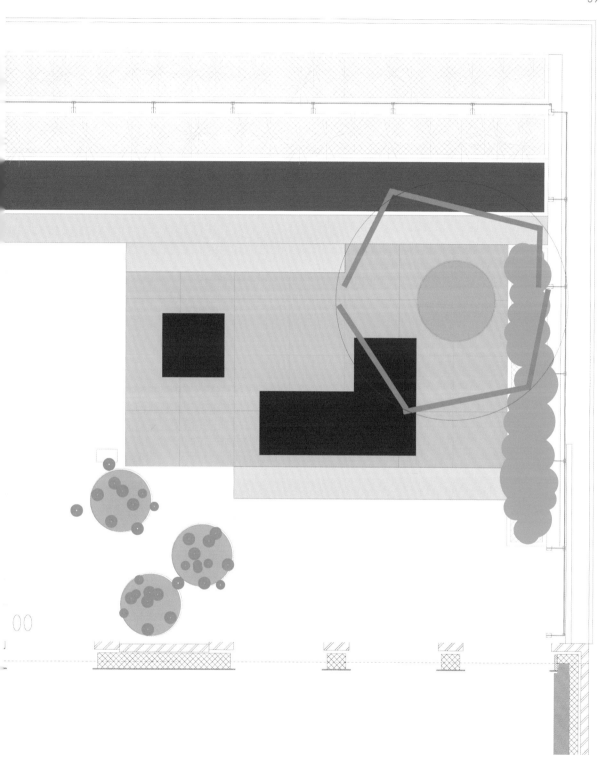

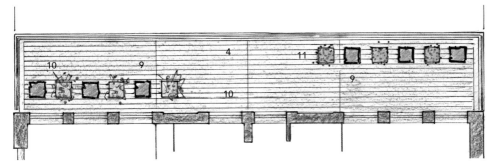

Upper terrace
Terraza superior

1. Grasses, ferns and flowers
2. Pond
3. *Rhododendron*
4. Wood deck
5. Bamboo
6. Japanese maple
7. Hard landscape
8. *Koelreuteria*
9. Box
10. *Agapanthus*
11. Grasses
12. Lounge sofa
13. Step with indirect lighting
14. Table
15. Privacy wall

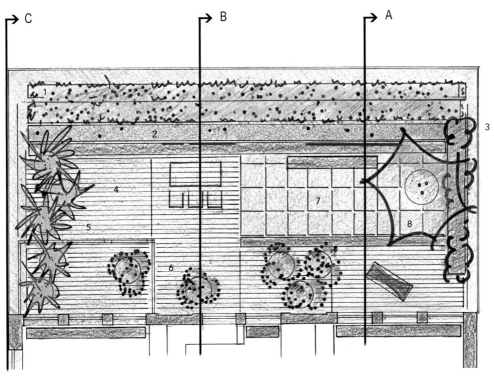

Lower terrace
Terraza inferior

1. Gramíneas, helechos y flores
2. Estanque
3. *Rhododendron*
4. Cubierta de madera
5. Bambú
6. Arce japonés
7. Superficie dura
8. *Koelreuteria*
9. Recuadro
10. *Agapanthus*
11. Gramíneas
12. Sofá *lounge*
13. Paso con luz indirecta
14. Mesa
15. Pared para privacidad

Section A
Sección A

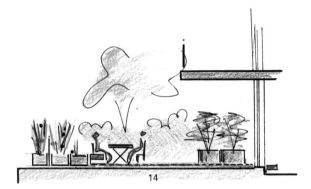

Section B
Sección B

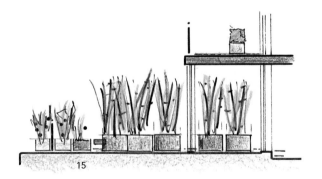

Section C
Sección C

The long pond with sides clad in planed timber draws attention to the width of the terrace. In the central area of the deck, the recycled plastic floor has the appearance of natural wood.

La anchura de la terraza destaca por un largo estanque con bancos adosados en madera cepillada. En la zona central de la cubierta, el suelo de plástico reciclado tiene aspecto de madera natural.

ARMADALE RESIDENCE

LEWIS MARASH
Location: Armadale, Melbourne, VIC, Australia
Photographer: © Dean Bradley

The brief from the client was for a low maintenance garden with an architectural look, but most importantly they wanted the pool to be as large as possible without being disproportionate to the space.

It was particularly important for the designers to consider how to fence the pool without it being offensive to the entertaining area outside of the pool space.

El cliente pedía un jardín moderno que requiriese poco trabajo de mantenimiento. Pero su principal deseo era una piscina lo más grande posible sin parecer desproporcionada con el espacio total.

Los creadores tuvieron especial cuidado en el diseño de la valla de la piscina. Una separación entre la zona acuática de la zona de recreo exterior que fuese muy ligera a la vista.

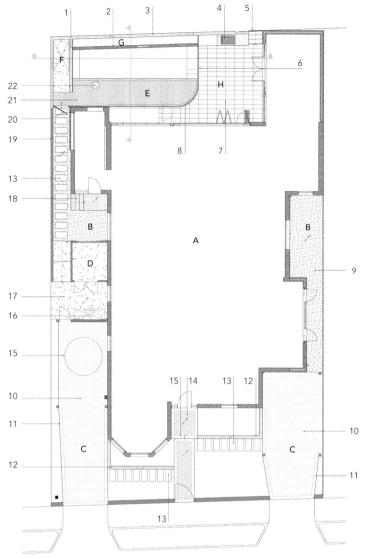

A. Residence
B. Courtyard
C. Garage
D. Storage/Shed/Utilities
E. Pool deck
F. Service yard
G. Garden bed

1. Masonry block work feature wall with stone cladding on face.
2. Top of tiled pool beam.
3. Masonry block work wall.
4. BBQ bench with built-in BBQ and storage. On site concrete bench top and sides, polished finish.
5. SHS steel sliding gate with CFC sheet cladding on both sides.
6. "EZF" glazing channel for frameless glass pool fence.
7. Porcelain tile.
8. Channel in paving to accommodate frameless glass pool fence and gate. Paving to extend 100 mm. under timber deck.
9. Gravel infill.
10. Exposed aggregate concrete paving, wash off finish.
11. 200 mm. x 1000 mm. x 30 mm. bluestone tile.
12. Masonry block work garden edge, cement render finish.
13. 800 mm. x 400 mm. bluestone pavers with gravel.
14. 100 mm. x 300 mm. x 30 mm. bluestone tile, sawn
15. 10.000 litre in ground water tank.
16. Dynabolt fold-out clothesline to back of garage wall.
17. Natural grey concrete. Steel float finish.
18. 64 mm. x 19 mm. spotted gum timber deck.
19. (E) rendered block work wall, paint finish.
20. SHS steel gate with timber batten cladding to match exterior wall of house (pool side only).
21. Timber sunbathing deck.
22. 500 mm. dia. hole in deck for proposed canopy tree.

Site plan
Plano de la propiedad

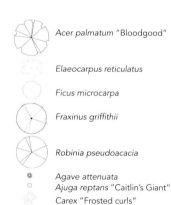

Acer palmatum "Bloodgood"

Elaeocarpus reticulatus

Ficus microcarpa

Fraxinus griffithii

Robinia pseudoacacia

Agave attenuata
Ajuga reptans "Caitlin's Giant"
Carex "Frosted curls"
Doryanthes excelsa
Liriope "Evergreen giant"
Parthenocessus tricuspidata
Phyllostachys nigra
Strelitzia reginea
Trachelospermum asiaticum
Yucca filamentosa

A.   Residencia
B.   Patio
C.   Garaje
D.   Almacén/Caseta/Útiles
E.   Piscina
F.   Patio de servicio
G.   Jardín

1.   Muro de bloques de masonería y recubrimiento de roca al frente.
2.   Parte superior de muro de piscina con baldosas.
3.   Muro de bloques de masonería.
4.   Soporte de barbacoa fijo con barbacoa integrada y almacenamiento. Banco fijo con asiento y lados de hormigón, acabado pulido.
5.   Portón corredero de acero SHS con recubrimiento de hoja de CFC en ambos lados.
6.   Canal de acristalamiento "EZF" para valla de piscina de cristal sin marco.
7.   Baldosa de porcelana.
8.   Canal en el pavimento para acomodar valla de piscina de cristal sin marco y portón. Pavimentación para extender 100 mm bajo plataforma de madera.
9.   Relleno de grava.
10. Pavimento de hormigón agregado expuesto, acabado lavado.
11. Baldosa de roca azul de 200 mm x 1000 mm x 30 mm
12. Borde de jardín de bloques de masonería, acabado de cemento lucido.
13. Adoquín de roca azul con grava de 800 mm x 400 mm
14. Baldosa de roca azul vista de 100 mm x 300 mm x 30 mm, aserrada.
15. Tanque de agua de suelo de 10.000 litros.
16. Tendedero plegable sujeto por DynaBolts al muro trasero del garaje.
17. Hormigón verde natural. Acabado con llana.
18. Plataforma de madera de resina moteada de 64 mm x 19 mm
19. Muro de bloques lucidos, acabado en pintura.
20. Portón de acero SHS con recubrimiento de listones de madera para combinar con el muro exterior de la casa (solo por el lado de la piscina).
21. Plataforma de bronceado de madera.
22. Agujero en plataforma para el poste de toldo propuesto de 500 mm de diámetro.

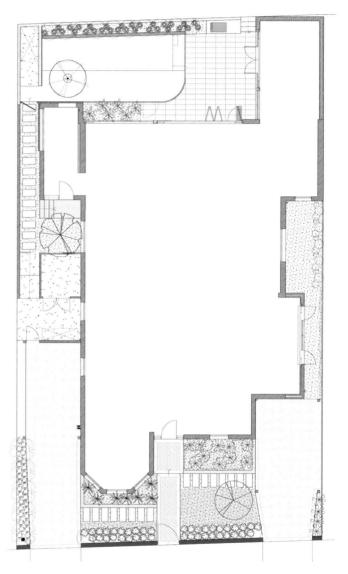

Planting plan
Plano de plantado

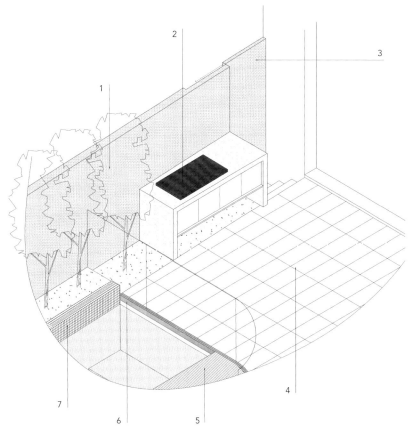

1. Garden bed planting.
2. BBQ bench with built-in BBQ and storage, on site concrete bench top and sites, polished finish.
3. SHS steel sliding gate with CFC sheet cladding both sides.
4. 300 mm. x 600 mm. porcelain tile.
5. 30 mm x 19 mm spotted gum timber deck.
6. Rebate on edge of pool shell to accommodate EZF glazing channel, in which frameless glass pool fence panels are fixed.
7. Raised pool wall. Pool tile to wrap up and over wall to garden bed on opposite side.

1. Plantel cama del jardín.
2. Soporte de barbacoa fijo con barbacoa integrada y almacenamiento. Banco fijo con asiento y lados de hormigón, acabado pulido.
3. Portón corredero de acero SHS con recubrimiento de hoja de CFC en ambos lados.
4. Baldosa de porcelana de 300 mm x 600 mm
5. Plataforma de madera de resina moteada de 30 mm x 19 mm
6. Renvalso en el borde de la piscina para acomodar un canal de acristalado EZF al que fijar los paneles de cristal sin marco de la valla de la piscina.
7. Muro de piscina elevado. Baldosas de piscina para envolver el muro y la parte superior de este que da hacía el lecho del jardín en el lado opuesto.

Outdoor dining/built-in fireplace and rear access
Cenador exterior/chimenea empotrada y acceso trasero

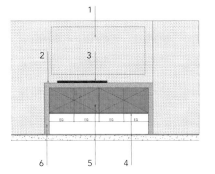

1. Block work wall.
2. On site concrete bench top, polished finish.
3. Built-in BBQ in concrete bench top.
4. Base of storage cabinets to be 18 mm thick CFC sheet.
5. Cabinet doors to be 12 mm. CFC sheet panelling.
6. On site concrete "legs" of bench to be 90 mm. thick, polished finish.

1. Muro de bloques.
2. Banco fijo con acabado pulido.
3. Barbacoa fija en soporte fijo de hormigón.
4. Base de armarios de almacenamiento para convertirse en una lámina gruesa de CFC de 18 mm.
5. Puertas de armario de 12 mm. Panel de lámina de CFC.
6. Patas de hormigón fijas para banco de 90 mm grueso, acabado pulido.

Built-in BBQ and cabinetry
Armarios y barbacoa empotrados

Bluestone tile detail (front)
Detalle de baldosa de piedra azul (frente)

1. 100 mm. x 300 mm. bluestone tile 20 mm. Thick
2. 20 mm. mortar layer, 4:1 sand/cement.
3. Concrete base min. 100-150 mm. thick.
4. Fully compacted sub-grade/crushed rock.

1. Baldosa de piedra azul de 100 mm x 300 mm. 20 mm gruesa.
2. Capa de mortero de 20 mm, 4:1 arena/cemento.
3. Base de hormigón min. 100-150 mm. de ancho.
4. Roca de sustrato/picada totalmente compactada.

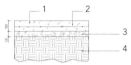

Exposed aggregate concrete detail
Detalle de hormigón conglomerado al descubierto

1. 100 mm. depth 25MPa concrete
2. F-82 mesh centrally placed
3. MIN. 50 mm. depth compacted class 2a crushed rock
4. Fully compacted sub-grade

1. Hormigón de 25MPa con 100 mm de profundidad.
2. Malla F-82 colocada en el centro.
3. Roca picada 2ª clase compactada a una profundidad de 50 mm.
4. Sustrato completamente compactado.

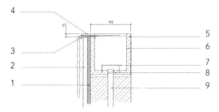

Water wall through detail
Detalle transversal de la pared de agua

1. Render wall to create smooth surface for granite
2. 300 mm. x 600 mm. x 20 mm. granite tile
3. Stainless steel C section
4. Cut top block at front so that height at rear of wall prevents water overflow
5. Nom. 390 mm. x 190 mm. 190 mm. lintel/bond beam as water trough
6. Seal interior of top block with render and membrane
7. 3 mm. stainless steel cover over pipe to diffuse water flow
8. Hydratite® tape
9. 25 mm. PVC pipe

1. Muro lucido para crear una superficie lisa para el granito.
2. Losa de granito de 300 mm x 600 mm x 20 mm
3. Sección de acero inoxidable en T.
4. Bloque con parte superior seccionada para que la altura del muro trasero prevenga que se colme de agua.
5. Dintel/viga de unión de 390 mm x 190 mm como sumidero para el agua.
6. Sello interior sobre bloque lucido y con membrana.
7. Cubierta de acero inoxidable sobre caño para dispersar el flujo de agua.
8. Cinta Hydratite®
9. Tubería de PVC de 25 mm

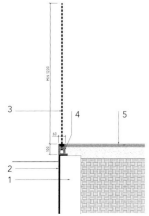

Pool fascia and glass pool fencing
Friso de piscina y vallado de piscina de cristal

1. Pool shell.
2. Pool tile.
3. Frameless glass fence panels.
4. Custom made stainless steel channel.
5. Porcelain tile.

1. Piscina.
2. Baldosa de piscina.
3. Paneles de valla de cristal sin marco.
4. Canal de acero inoxidable personalizado.
5. Baldosa de porcelana.

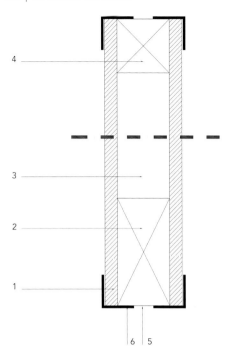

1. Cladding material.
2. 50 mm. x 100 mm. RHS steel tubing at base of gate/slider frame, galvanized finish.
3. 50 mm. x 100 mm. RHS steel tubing at sides of frame, galvanized finish.
4. 50 mm. x 100 mm. RHS steel tubing at top of gate/slider frame, galvanized finish.
5. Wheels or similar to be fixed to bottom of frame to allow sliding in track.
6. 30 mm. x 30 mm. equal angle section welded to base of RHS tubing, galvanized finish.

1. Material de revestimiento.
2. Tubo rectangular hueco de acero de 50 mm x 100 mm en la base del portón/estructura deslizante, acabado galvanizado.
3. Tubo rectangular hueco de acero a los lados de la estructura, acabado galvanizado.
4. 50 mm x 100 mm. Tubo rectangular hueco de acero sobre el portón/estructura deslizante, acabado galvanizado.
5. Ruedas o similar a fijar en la parte inferior de la estructura para permitirle deslizar sobre el rail.
6. Sección del mismo ángulo de 30 mm x 30 mm soldada a la base del tubo rectangular hueco, acabado galvanizado.

Typical gate/slider detail
Portón típico / deslizante

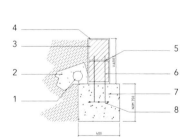

1. 90 mm. dia. agricultural pipe connect to storm water.
2. ½ screenings.
3. Block course.
4. Garden side of wall to be tanked with waterproof membrane. Other surfaces to be prepared for stone cladding.
5. Mortar.
6. Starter bars.
7. Footing to solid ground.
8. 3 bar TM 11.

Block work retaining wall/garden edge
Muro de retención de ladillo / borde del jardín

1. Conexión a tubería agrícola de 90 mm. diam. para el agua de tormenta.
2. ½ panel divisorio.
3. Pista de bloque.
4. El lado del muro que da al jardín ha de ser impermeabilizado con una membrana impermeable. Otras superficies preparadas para el revestimiento de piedra.
5. Mortero.
6. Cabillas.
7. Base en suelo firme.
8. Barra TM 11.

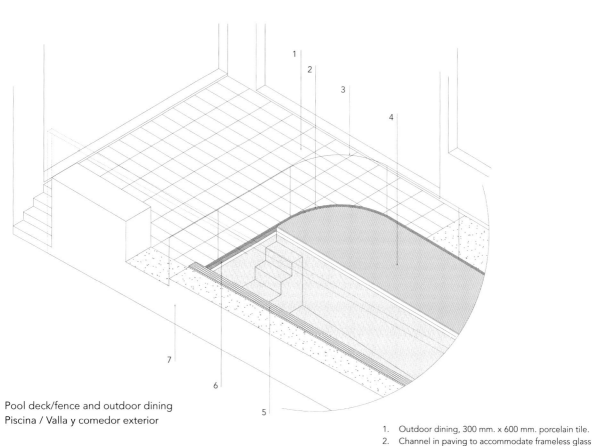

Pool deck/fence and outdoor dining
Piscina / Valla y comedor exterior

1. Outdoor dining, 300 mm. x 600 mm. porcelain tile.
2. Channel in paving to accommodate frameless glass pool fence and gate.
3. Custom curved frameless glass.
4. 30 mm. x 19 mm. spotted gum timber deck.
5. Raised pool wall. Pool tile to wrap up and over wall to garden bed on opposite side.
6. EZF glazing channel, in which frameless glass pool fence panels are fixed.
7. Masonry block work retaining wall and boundary fence.

1. Comedor exterior de 300 mm x 600 mm. Baldosas de porcelana.
2. Canal en el pavimento para acomodar valla y portón de piscina de cristal sin marco.
3. Cristal sin marco curvado personalizado.
4. Plataforma de madera de resina moteada de 300 mm x 600 mm.
5. Muro de piscina elevado. Baldosas de piscina para envolver el muro y la parte superior de este que dan hacia el jardín en la parte opuesta.
6. Canal de acristalamiento EZF en el que se fijan los paneles de cristal sin marco de la valla de la piscina.
7. Bloques de masonería reteniendo el muro y el contorno de la valla.

1. Paving mortar and concrete sub-base.
2. Frameless glass fence.
3. Channel to be filled with non-shrink grout and corked where necessary.
4. Rubber packing grommet.

1. Mortero de pavimentar y sustrato de hormigón.
2. Valla de cristal sin marco.
3. Canal para ser rellenado con lechada anti-encogimiento y encorchada donde sea necesario.
4. Ojal de aislamiento de goma.

Frameless glass attachment detail
Añadido de cristal sin marco

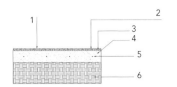

Porcelain tile
Baldosa de porcelana

1. 300 mm. x 600 mm. x 10 mm. porcelain tile.
2. Minimal spacing between pavers.
3. 7 mm. tile adhesive.
4. Subgrade concrete min. 100-150 mm. thick.
5. F82 reinforcing mesh on 25/45 bar chains.
6. Fully compacted sub-grade/crushed rock.

1. Baldosa de porcelana de 300 mm x 600 mm x 10 mm.
2. Espacio mínimo entre adoquines.
3. Baldosa adhesiva de 7 mm.
4. Subrasante concreto min. de 100-150 mm. de espesor.
5. Malla reforzada F82 sobre cadena de barras de 25/45.
6. Sustrato/roca picada completamente compactada.

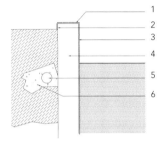

Raised pool wall
Muro de piscina elevado

1. Mortar.
2. Garden side of wall to be tanked with water proof membrane.
3. Pool tiles.
4. Pool shell.
5. 90 mm. dia. Agricultural pipe connected to storm water.
6. ½ screenings.

1. Mortero.
2. La parte del muro que da al jardín ha de ser impermeabilizada con membrana impermeable.
3. Baldosas de piscina.
4. Piscina.
5. Conexión a tubería agrícola de 90 mm. de dia. para el agua de tormenta.
6. ½ panel divisorio.

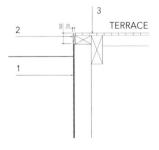

Timber deck and fascia
Plataforma de madera y friso

1. Pool tile face to finish flush with timber facia as shown.
2. Finish decking with 55 mm. x 19 mm. facia pieces with 10 mm. spacer Face of timber and tile to finish flush as shown.
3. Decking sub-structure to be clad with 60 mm. x 19 mm. spotted gum timber battens with minimal spacing.

1. Cara de baldosas de piscina para acabar nivelado con el friso de madera como se muestra.
2. Entablado acabado con piezas de friso de 55 mm x 19 mm. con una cara separadora de madera de 10 mm. y baldosas para acabar el nivelado como se muestra.
3. Sub-estructura de entablado para revestir con listón de madera de resina moteada de 60 mm x 19 mm. con espaciado mínimo.

KRUBINER RESIDENCE

SWATT | MIERS
LANDSCAPE ARCHITECT: HUETTL LANDSCAPE COMPANY
Location: Emeryville, California, USA
Photographer: © Russell Abraham

This two-storey home is perfectly suited to the narrow strip of urban land. It is an example of the possibilities and flexibility of the modular Simpatico System. Passive solar design attracts great visual interest, harnesses natural light and provides 360-degree panoramic views of San Francisco, Oakland and Berkeley from the deck.

La vivienda de dos pisos se adapta a la perfección a la estrecha franja de terreno del barrio urbano. Es un ejemplo de las posibilidades y flexibilidad del sistema modular "Simpatico System". El diseño solar pasivo atrae gran interés visual, aprovecha la intensa iluminación natural y permite contar con vistas panorámicas de 360 grados sobre San Francisco, Oakland y Berkeley desde la cubierta.

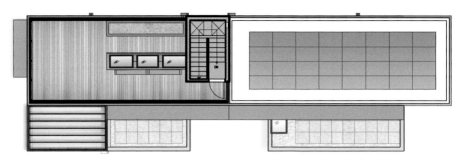

Roof plan
Planta cubierta

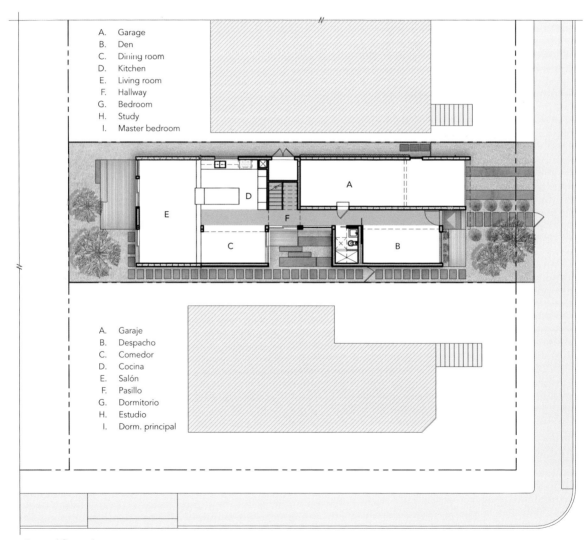

A. Garage
B. Den
C. Dining room
D. Kitchen
E. Living room
F. Hallway
G. Bedroom
H. Study
I. Master bedroom

A. Garaje
B. Despacho
C. Comedor
D. Cocina
E. Salón
F. Pasillo
G. Dormitorio
H. Estudio
I. Dorm. principal

Ground floor plan
Planta baja

Second floor plan
Segunda planta

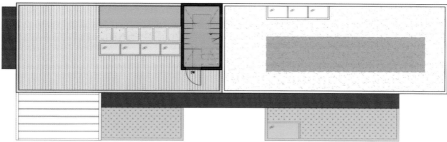

Roof plan
Planta cubierta

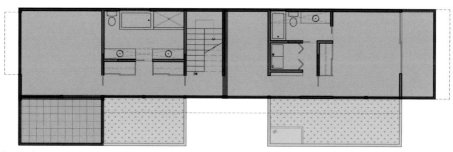

Second floor plan
Segunda planta

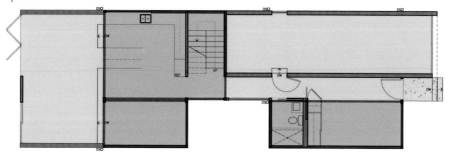

Lower level plan
Planta inferior

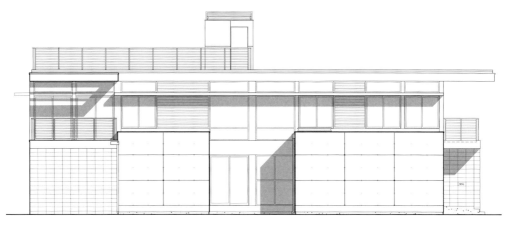

South elevation
Alzado sur

North elevation
Alzado norte

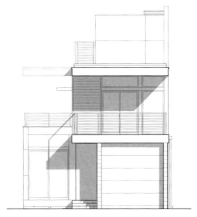

East elevation
Alzado este

West elevation
Alzado oeste

PRIVATE GARDEN

LANDSCAPE ARCHITECT: DARDELET
Location: Forch, Switzerland
Photographer: © DARDELET

This garden's professional design created a unique oasis, completely adapted to the desires, needs and uses that were stipulated by the owners.

Gracias al diseño profesional de este jardín, es posible crear un oasis único y adaptado completamente a los deseos, necesidades y usos expresados por los propietarios.

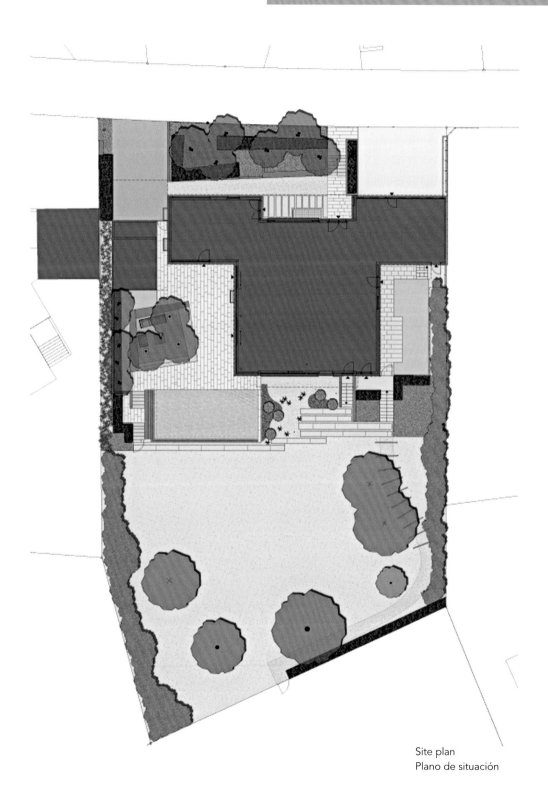

Site plan
Plano de situación

PORTIO GARDEN

ESTUDIO DE PAISAJISMO DAVID AÑÍBARRO
Location: Playa de Portio, Cantabria, Spain
Photographer: © David Añíbarro

Extending from the terrace and pool, an L-shaped planter is the starting point from which all the house's exterior design lines begin. It also increases the size of the terrace in the garden.

Una jardinera en forma de L, que parte desde la terraza y la piscina, es el elemento organizador, donde se inician todas las líneas del diseño exterior de la vivienda. Esta jardinera prolonga además el volumen de la terraza en el jardín.

Garden plan. Volume and colour study
Plano del jardín. Estudio del volumen y color

The subdivision of the garden results in a series of spaces that occur along the length of the gravel path, creating a type of corridor that leads us between the different areas of vegetation.

El jardín compartimentado da lugar a una serie de espacios que se van sucediendo a través del camino de gravilla, que a modo de pasillo nos conduce entre las diferentes masas de vegetación.

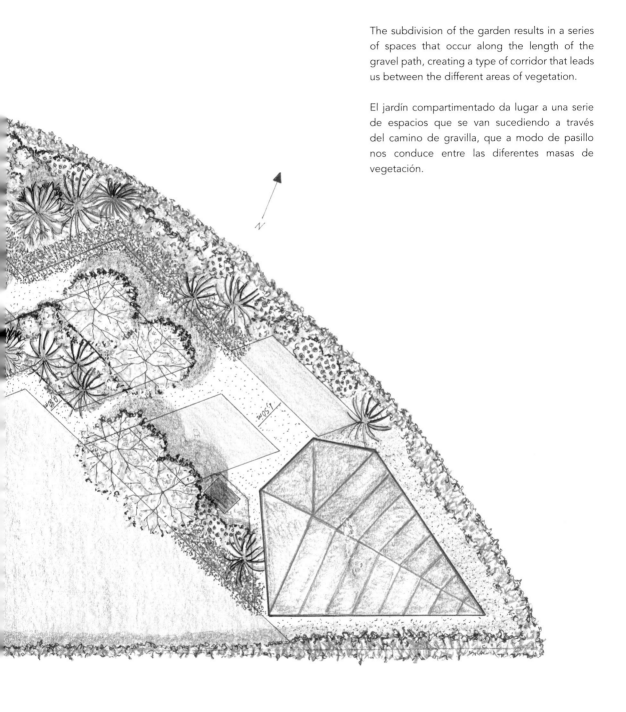

Planting sketch
Boceto de la plantación

Δ Texturas / ud superficie

APARICIO GARDEN

ESTUDIO DE PAISAJISMO DAVID AÑÍBARRO
Location: Navajeda, Cantabria, Spain
Photographer: © David Añíbarro

The diverse shapes and shades of green plant varieties, together with their staggered blooms, help to create an environment that changes with the seasons, creating a richness to the house's surroundings.

Las muy variadas formas y gamas de tonos verdes de las especies vegetales, junto con sus floraciones escalonadas ayudan a crear un entorno cambiante en el tiempo, llenando de riqueza todo el ámbito de la vivienda.

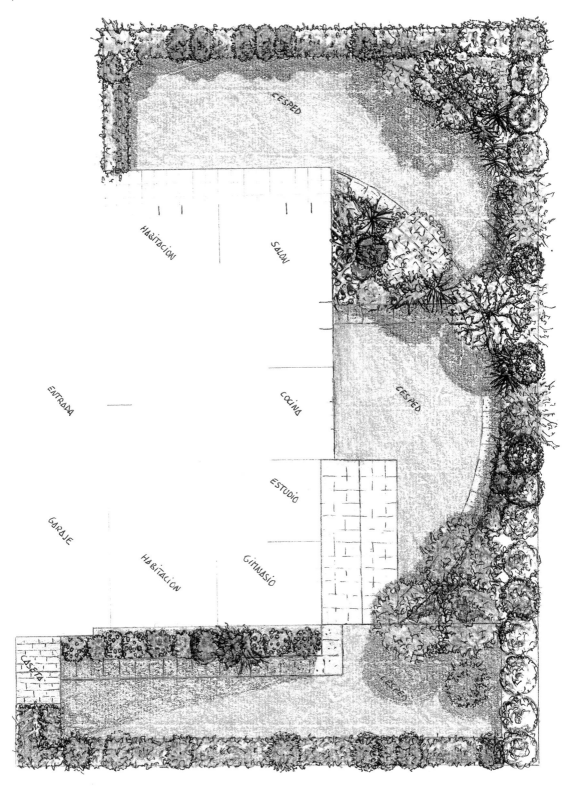

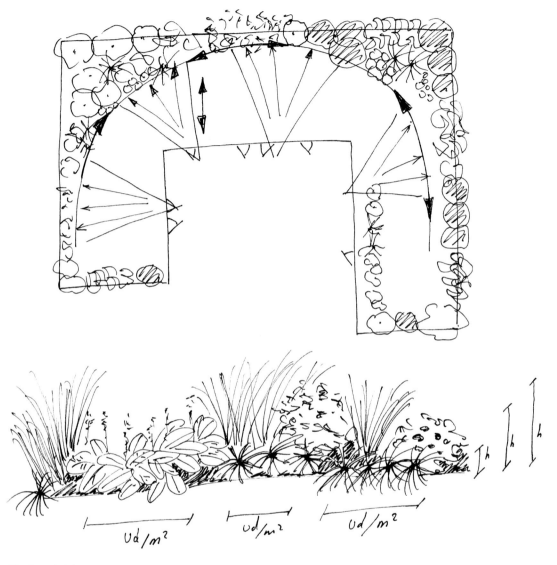

Planting sketches
Bocetos de la plantación

Garden plan. Volume and colour study
Plano del jardín. Estudio del volumen y color

Based on a series of arches that follow the perimeter of the garden, this design provides a solution to the home's exits, views, and general movement between the different rooms.

El diseño basado en una serie de arcos que acompañan a la forma perimetral del jardín solucionan las salidas desde la vivienda, las vistas y la circulación general entre las diferentes estancias.

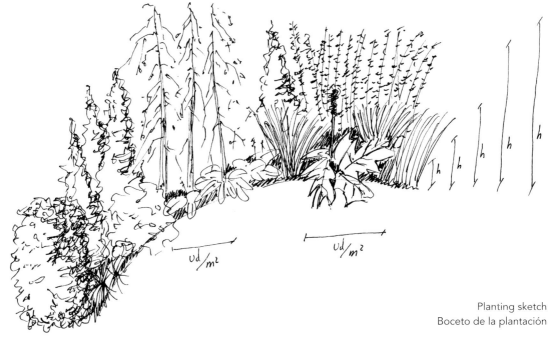

Planting sketch
Boceto de la plantación

WESTRIDGE RESIDENCE

MONTALBA ARCHITECTS
LANDSCAPE ARCHITECT: VENICE STUDIO, POLLY FURR
Location: Los Angeles, California, USA
Photographer: © John Linden

In the remodelling and expansion of the second floor, Montalba Architects transformed the roofs to frame views of downtown Los Angeles and the Pacific Ocean with an innovative approach using horizontal decks.

En la remodelación y ampliación del segundo piso, Montalba Architects transformó los tejados para enmarcar las vistas del centro de Los Angeles y el océano Pacífico con una nueva estrategia de cubiertas horizontales.

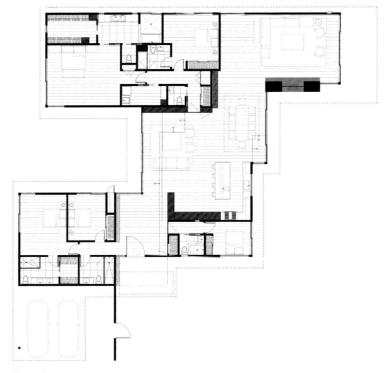

Floor plan
Planta

1. (E) pool equipment and enclosure to remain
2. Concrete pads with acid washed finish
3. Ipe wood deck over concrete foundation
4. Provide new cast-in-place concrete coping to match adjacent retaining wall
5. Outline of proposed roof indicated as dashed
6. Concrete landing with acid washed finish
7. Gravel trough
8. (E) retaining wall shown as dashed
9. Site wall with acid washed architectural concrete
10. (E) adjacent property
11. Cast in place site wall
12. Side yard setback
13. Standard parking space
14. Compact parking space
15. (E) planter to remain
16. 3'-0" wide utility assessment
17. Concrete driveway with acid washed finish
18. Fence: painted concrete board, 3'-6" tall max.
19. Fence: painted concrete board and entry gate, 8'-00" tall
20. Roof opening above
21. (E) Wood deck to remain
22. (E) site wall to remain
23. Overhang
24. (E) fence to remain

A. Area of second floor addition shown as hatched
B. Area of first floor renovation shown as hatched
C. Outdoor dining terrace
D. (N) Carport
E. Trash enclosure

1. Equipamiento de piscina y cercado para permanecer
2. Paneles de hormigón con acabado de lavado de ácido
3. Plataforma de madera IPE sobre cimientos de hormigón
4. Provee hormigón recién fraguado en la propia obra que consigue igualar el muro de contención adyacente
5. Contorno del techo propuesto indicado con línea discontinua
6. Rellano de hormigón con acabado de lavado de ácido
7. Pila de grava
8. (E) Muro de contención tal y como se muestra con la línea discontinua
9. Muro de obra con hormigón de construcción con lavado de ácido
10. (E) Propiedad adyacente
11. Muro fraguado en el sitio
12. Separación del jardín lateral
13. Espacio estándar para aparcamiento
14. Espacio de aparcamiento compacto
15. (E) Maceta a permanecer
16. Evaluación de utilidad de 3'-0" de ancho
17. Carril de entrada con acabado de lavado de ácido
18. Valla: Plataforma de hormigón pintada, altura máxima 3'-6"
19. Valla: Plataforma de hormigón pintada y portón de entrada, altura máxima 8'-0"
20. Apertura en el techo arriba
21. (E) Plataforma de madera a permanecer
22. (E) Muro de obra a permanecer
23. Alero
24. (E) Valla a permanecer

A. Añadido al área del segundo piso, se muestra sombrado
B. Renovación de área del primer piso se muestra sombrada
C. Terraza-comedor exterior
D. (N) Porche-cochera
E. Cercado para la basura

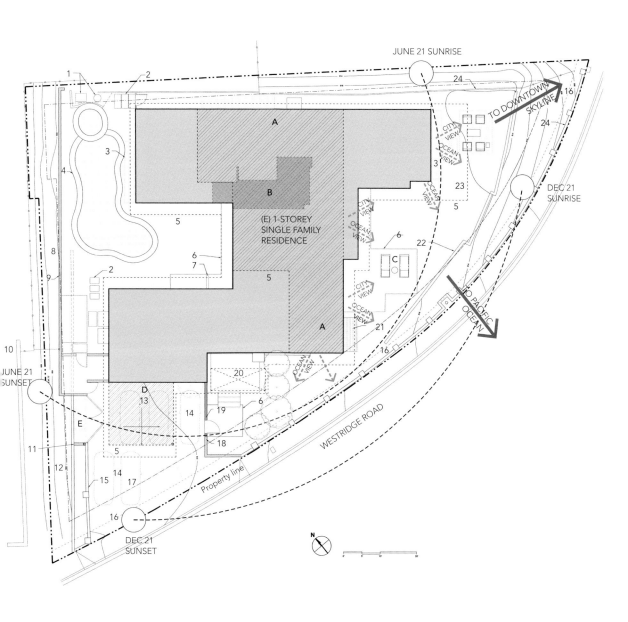

JUNE 21 SUNRISE

24

TO DOWNTOWN SKYLINE

16

24

CITY VIEW

OCEAN VIEW

3

A

23

5

OCEAN VIEW

DEC 21 SUNRISE

1

2

3

4

B

(E) 1-STOREY SINGLE FAMILY RESIDENCE

CITY VIEW

OCEAN VIEW

6

22

5

8

5

6

7

2

5

C

A

21

16

TO PACIFIC OCEAN

9

CITY VIEW

OCEAN VIEW

10

JUNE 21 SUNSET

E

OCEAN VIEW

20

D

13

14

19

6

11

18

WESTRIDGE ROAD

12

5

14

15

17

16

Property line

DEC 21 SUNSET

N

Site plan
Plano de situación

The clean lines, the connection between exterior and interior, the palette, the gentle breeze and the sea views create the effect of a contemporary beach house, despite its location on a hill.

Las líneas limpias, la conexión entre exterior e interior, la gama de colores, la agradable brisa y las vistas al mar crean el efecto de una casa de playa contemporánea, a pesar de su ubicación sobre una colina.

MIDDLEPARK RESIDENCE

LEWIS MARASH
Location: Middlepark, Melbourne, VIC, Australia
Photographer: © Dean Bradley

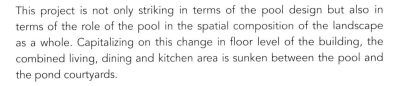

This project is not only striking in terms of the pool design but also in terms of the role of the pool in the spatial composition of the landscape as a whole. Capitalizing on this change in floor level of the building, the combined living, dining and kitchen area is sunken between the pool and the pond courtyards.

Este proyecto sorprende. No sólo por el diseño de la piscina, sino también por su papel en la composición espacial de todo el paisaje. Para aprovechar al máximo el terreno, la zona de comedor-cocina-sala de estar está hundida en relación a la piscina y los patios.

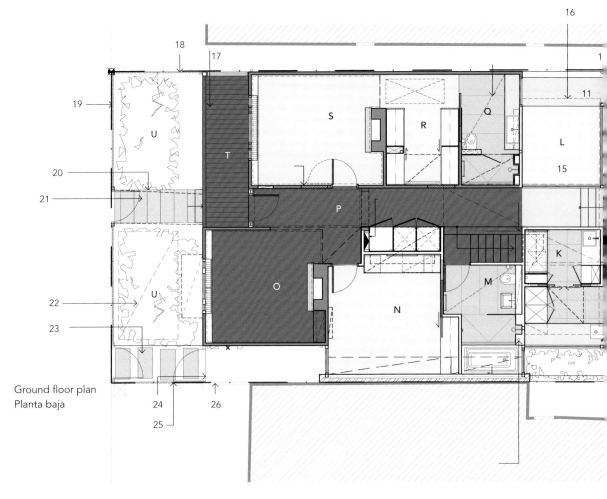

Ground floor plan
Planta baja

A.	Garage	1.	Clothes lines	19.	(N) timber picket fence with timber posts
B.	Multi-purpose room	2.	Loose pebbles finish		and Victorian metal caps
C.	Drying court	3.	Metal gate and side screen	20.	Line up with wall
D.	Podium	4.	Podium timber decking	21.	Basalt paved entry path
E.	Outdoor BBQ area	5.	Planter box	22.	12000 litres modular water retention tank
F.	Spa	6.	Garden bed	23.	Basalt stepping stone in landscape
G.	Pool	7.	Stone tiles	24.	(N) picket screen fence
H.	Catwalk	8.	1200 mm. high frameless glass pool gate	25.	(E) side picket fence to remain
I.	Kitchen	9.	1200 mm. high glass balustrade	26.	(E) neighbouring timber screen
J.	Living/dining area	10.	Metal framed 40 x 20 battened timber	27.	Masonry boundary wall
K.	Laundry room		access panel under for pool cover	28.	Steel channel drain and grate
L.	Reflective pool patio		maintenance		
M.	Bathroom	11.	Concrete screed finish		
N.	Guestroom/Study	12.	Rendered masonry fence		
O.	Sitting room	13.	Pool extent under		
P.	Hallway	14.	Glazed pool wall		
Q.	En-suite	15.	Reflective pool at living room level, 300 mm.		
R.	Dressing room		max. pool depth		
S.	Master bedroom	16.	Alignment of water feature spillway under		
T.	Veranda	17.	(N) timber veranda floor		
U.	Garden	18.	(E) side picket fence to remain		

FLOOR FINISHES

- Screed
- Carpet
- Timber
- Stone
- Water
- Concrete
- (E) Structure
- Proposed structure

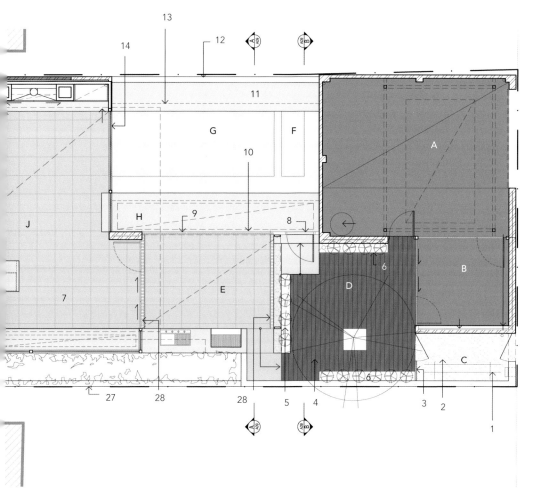

A.	Garaje	
B.	Habitación multiusos	
C.	Patio para tender	
D.	Plataforma	
E.	Área exterior de barbacoa	
F.	Spa	
G.	Piscina	
H.	Pasarela	
I.	Cocina	
J.	Sala de estar/comedor	
K.	Sala de lavandería	
L.	Espejo de agua	
M.	Baño	
N.	Cuarto de invitados / Estudio	
O.	Cuarto de estar	
P.	Hall	
Q.	En suite	
R.	Vestidor	
S.	Dormitorio principal	
T.	Veranda	
U.	Jardín	

1. Tendedero
2. Acabado de guijarros sueltos
3. Portón metálico y pantalla lateral
4. Plataforma de madera de podio
5. Caja macetero
6. Lecho de jardín
7. Baldosas de piedra
8. Portón de piscina de cristal sin marco de 1200 mm. de altura
9. Balaustrada de cristal altura 1200 mm.
10. Panel de acceso de madera listonada de 40 x 20 con marco de metal sobre la cubierta de la piscina para mantenimiento
11. Acabado de hormigón a nivel
12. Valla de masonería lucida
13. Extensión de piscina debajo
14. Muro de piscina acristalado
15. Espejo de agua al nivel de la sala de estar, profundidad max. 300 mm.
16. Alineado de agua con desagüe debajo
17. (N) Suelo de veranda de madera

18. (E) Cerca de estacas lateral a permanecer
19. (N) Cerca de estacas con postes de madera y topes de victorianos de metal
20. Alinear con muro
21. Sendero de entrada pavimentado con basalto
22. Tanque modular de retención de agua de 12.000 L
23. Camino de peldaños de roca de paisaje
24. (N) Valla de estacas para dar privacidad
25. (E) Cerca de estacas lateral a permanecer
26. (E) Valla colindante para privacidad
27. Muro de linde de masonería
28. Canal de desagüe metálico y rejilla

ACABADOS PARA SUELOS

- ☐ Nivelado
- ☐ Moqueta
- ▨ Madera
- ☐ Piedra
- ☐ Agua
- ▨ Hormigón

- ▨ (E) Estructura
- ☐ Estructura propuesta

Southwest elevation
Alzado suroeste

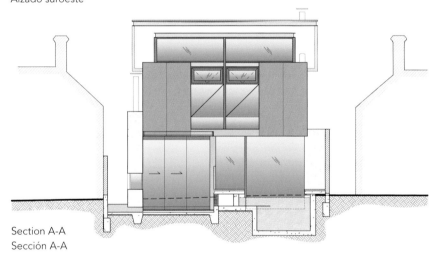

Section A-A
Sección A-A

A sense of calm ensues from the lapping waters. This experience is enhanced by the inclusion of a glass wall face to the pool, which directly abuts the living space.

El murmullo del agua provoca una sensación de calma. Esta experiencia aumenta con la inclusión de una pared de cristal a la piscina, que colinda con la estancia.

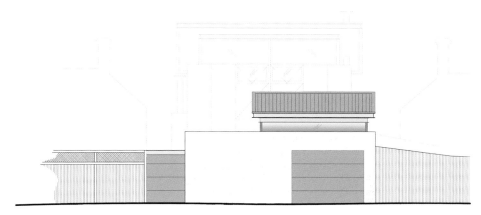

Northeast rear boundary elevation
Elevación límite posterior noreste

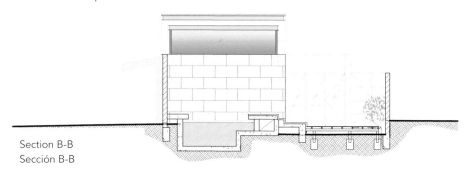

Section B-B
Sección B-B

MOLTZ LANDSCAPE

IBARRA ROSANO DESIGN ARCHITECTS
Location: Tucson, Arizona, USA
Photographer: © Bill Timmerman

The courtyard design is displayed in horizontal planes of coloured concrete. The concrete slabs create planters, benches and outdoor spaces that rest gently on the desert floor.

El diseño del patio se despliega en planos horizontales de hormigón coloreado. Con las losas de hormigón se crean jardineras, bancos y espacios al aire libre que reposan suavemente sobre el suelo del desierto.

A double cantilever concrete wall is the first thing to greet us on arrival. Through a door-less entrance, the main access, we are directed to the courtyard via a dry stonewall.

Un muro de hormigón de doble voladizo es la primera experiencia que se encuentra el visitante. A través de una entrada sin puerta, acceso principal, el invitado se dirige hacia el patio siguiendo una pared de mampostería.

1. *Parkinsonia microphylla*
2. *Opuntia subulata*
3. *Echinocactus grusoni*
4. *Dasylirion wheeleri*
5. *Pachycereus shotti monstrose*
6. *Yucca glorioso*
7. *Rhus lancea*
8. *Opuntia violacea*
9. *Dioon edule*
10. *Chilopsis linearis*
11. *Nerium oleander*
12. *Yucca carnerosa*
13. *Ferocactus wislizeni*
14. *Variegated agave americana*
15. *Euphorbia lathyris*
16. *Pachycereus marginatus*
17. *Zephyranthes*
18. *Senecio mandraliscae*
19. *Aloe ferox*
20. *Agave Americana*
21. *Yucca glauca*

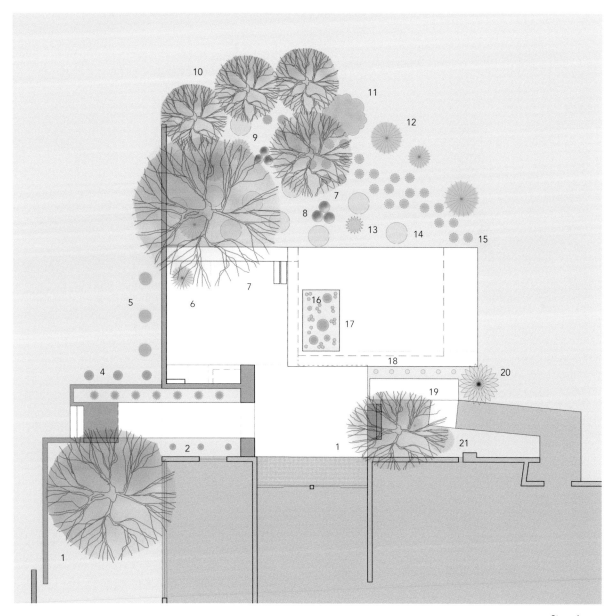

Site plan
Plano de situación

DWELLING AND FICUS

CAÑAS ARQUITECTOS
Location: San Antonio de Escazú, Costa Rica
Photographer: © Ricardo Chaves

The design takes in a huge fig tree, incorporating it in the large terrace and, at dusk, letting it compete with the lights that rise from the nearby city of San José.

El diseño adopta a una gran higuera, le da cabida en su gran terraza y, al anochecer, la deja competir en iluminación con las luces que ascienden desde la cercana ciudad de San José.

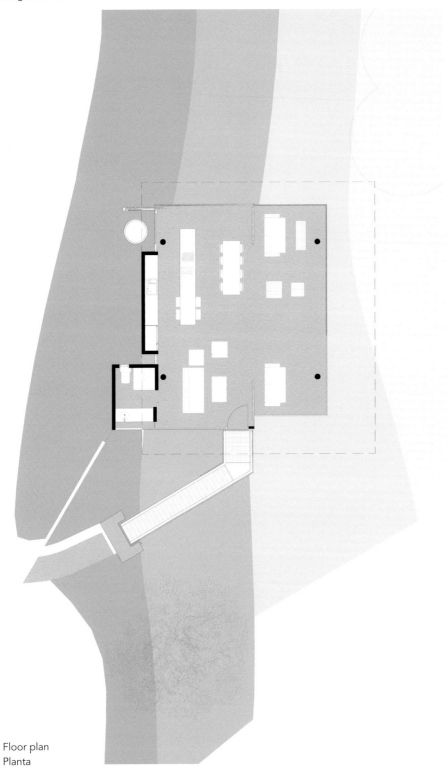

Floor plan
Planta

Site plan
Plano de situación

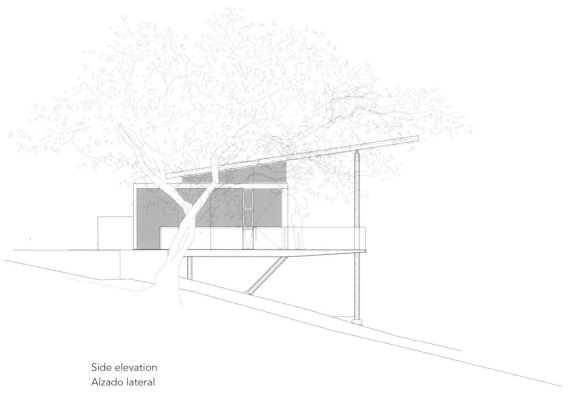

Side elevation
Alzado lateral

VG RESIDENCE

ERIC ROSEN ARCHITECTS
Location: Los Angeles, California, USA
Photographer: © Erich Koyama

The articulated architectural surfaces and geometric forms along with the groomed landscaping and intentional planting beds provide a foil to the rocky natural terrain of the cliff and natural vegetation.
To maximize a large courtyard area off of the main house, a concrete patio and infinity pool elevate and extend out over the cliff's edge.

Esta arquitectura de planos y formas geométricas, junto con el cuidado paisajismo vegetal de sus terrazas contrastan con el rocoso enclave, junto a un acantilado, y la vegetación autóctona de esta área.
Un patio de cemento y una piscina infinita permiten maximizar el espacio de la terraza sobre el acantilado.

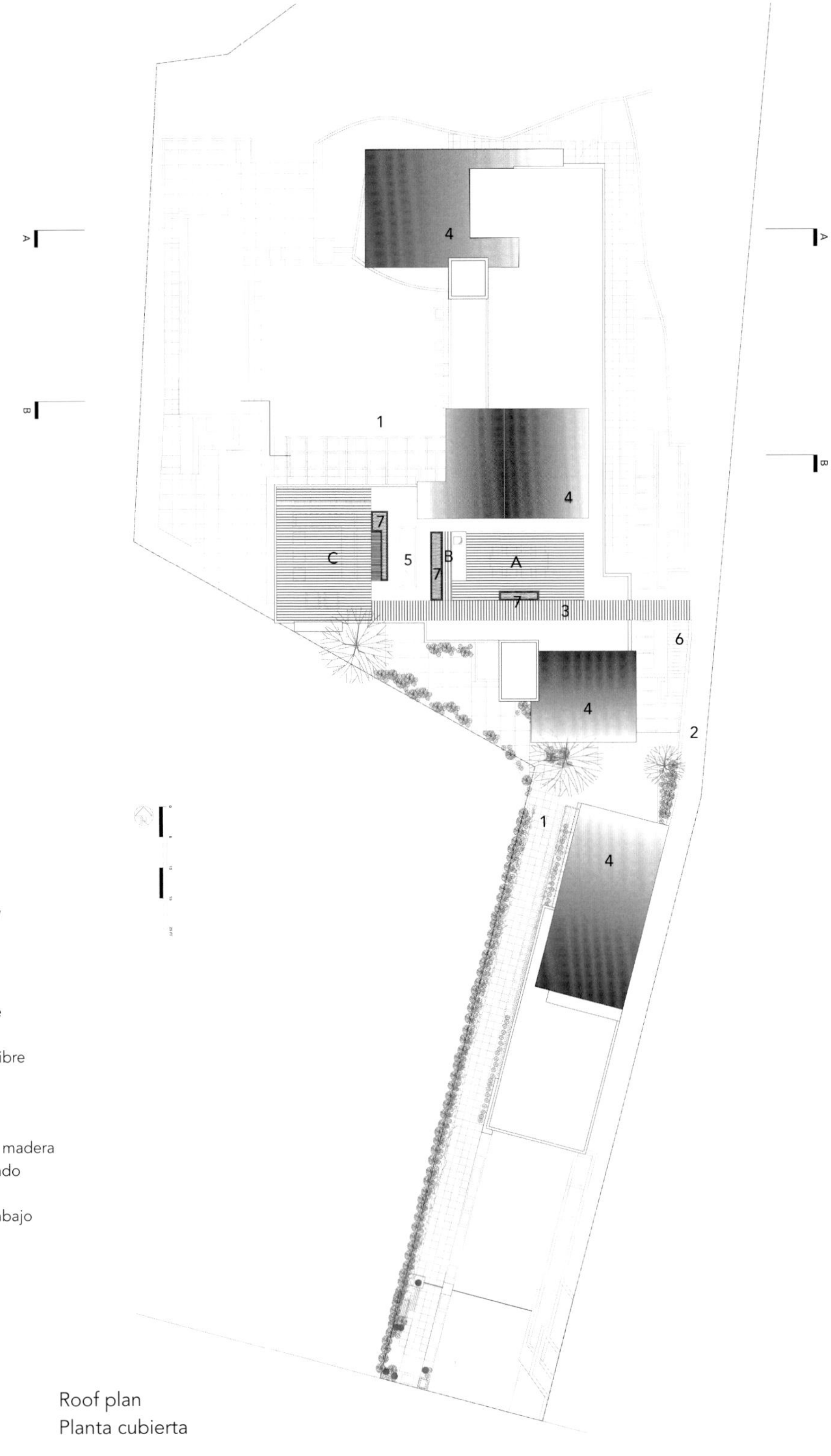

A. Outdoor dining
B. Outdoor bar
C. Outdoor living room

1. Trellis below
2. Retaining wall
3. Wood walkway deck
4. Curved metal roof
5. Skylight
6. Stairs to grade below
7. Planter

A. Comedor al aire libre
B. Bar al aire libre
C. Sala de estar al aire libre

1. Enrejado
2. Muro de contención
3. Cubierta pasarela de madera
4. Techo de metal curvado
5. Tragaluz
6. Escaleras al piso de abajo
7. Plantel

Roof plan
Planta cubierta

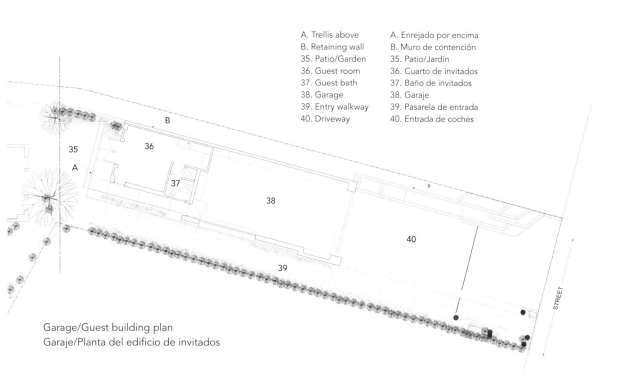

A. Trellis above
B. Retaining wall
35. Patio/Garden
36. Guest room
37. Guest bath
38. Garage
39. Entry walkway
40. Driveway

A. Enrejado por encima
B. Muro de contención
35. Patio/Jardín
36. Cuarto de invitados
37. Baño de invitados
38. Garaje
39. Pasarela de entrada
40. Entrada de coches

Garage/Guest building plan
Garaje/Planta del edificio de invitados

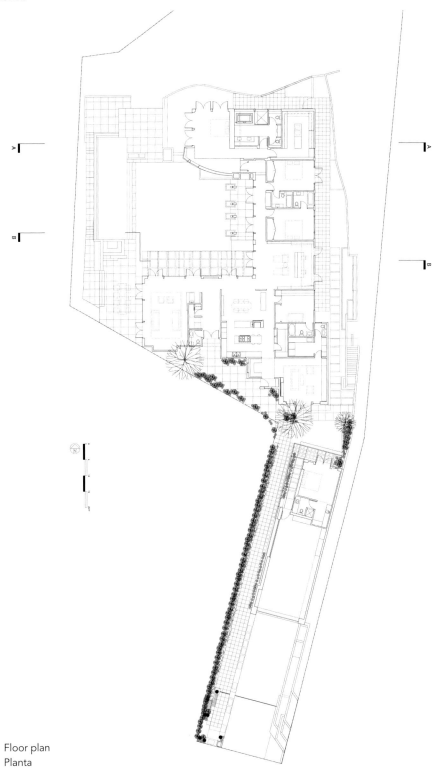

Floor plan
Planta

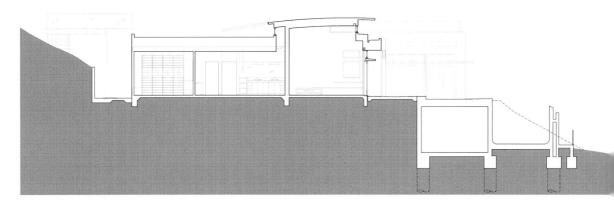

Section AA
Sección AA

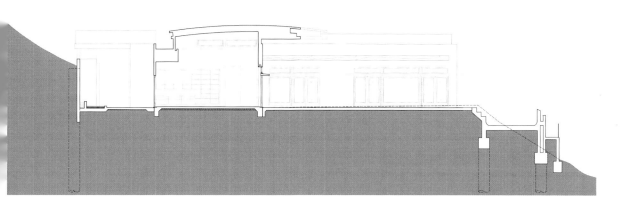

Section BB
Sección BB

The transition between interior and exterior spaces is made progressively: more secluded and protected rooms lead to spaces with taller ceilings, skylights and large sliding glass doors.

La transición exterior - interior es paulatina; las áreas más privadas y protegidas se orientan hacia espacios con altos techos, grandes ventanales y puertas correderas de cristal.

URBAN ROOF GARDEN

LANDSCAPE ARCHITECT: LA HABITACIÓN VERDE
Location: Madrid, Spain
Photographer: © La Habitación Verde

There were two key objectives in the design of this penthouse's exterior spaces: to open the terrace to the stunning views and to increase the living area by optimising the available space.

El diseño de los espacios exteriores del ático planteaba como objetivos fundamentales el abrir la terraza hacia las extraordinarias vistas y potenciar su uso funcional optimizando el espacio disponible.

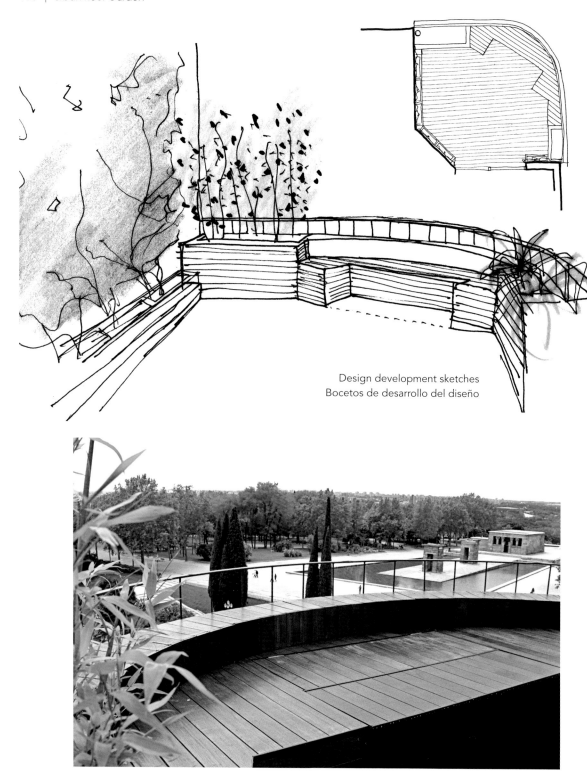

Design development sketches
Bocetos de desarrollo del diseño

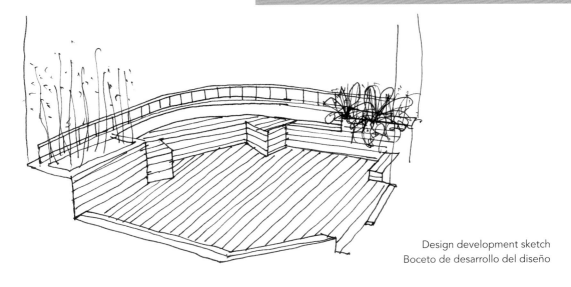

Design development sketch
Boceto de desarrollo del diseño

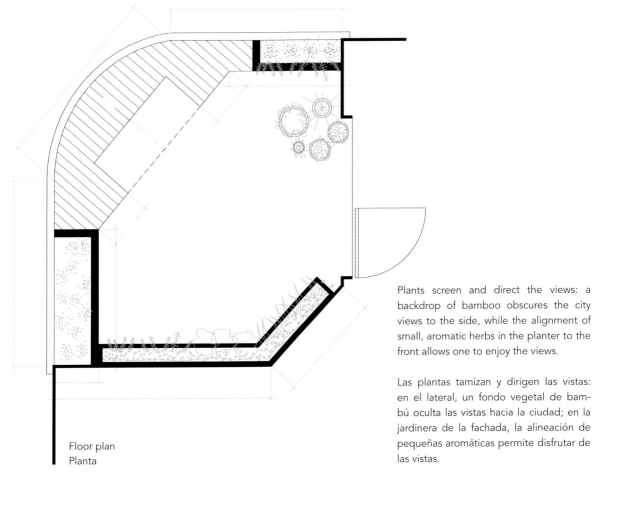

Floor plan
Planta

Plants screen and direct the views: a backdrop of bamboo obscures the city views to the side, while the alignment of small, aromatic herbs in the planter to the front allows one to enjoy the views.

Las plantas tamizan y dirigen las vistas: en el lateral, un fondo vegetal de bambú oculta las vistas hacia la ciudad; en la jardinera de la fachada, la alineación de pequeñas aromáticas permite disfrutar de las vistas.

Elevation
Alzado

MAXIMUM MINIMUM SPACE

LANDSCAPE ARCHITECT: ESTUDIO DE PAISAJISMO GM3
Location: Pozuelo de Alarcón, Madrid, Spain
Photographer: © Miguel Moreno Mateos

The courtyard space is visually divided into two parts by a Magnolia Soulangeana lattice plant, allowing the living area and pool to be enjoyed independently.

El espacio del patio se divide visualmente en dos bandas mediante una celosía vegetal de Magnolia soulangeana, que permite disfrutar de la zona de estar y de la piscina de manera independiente.

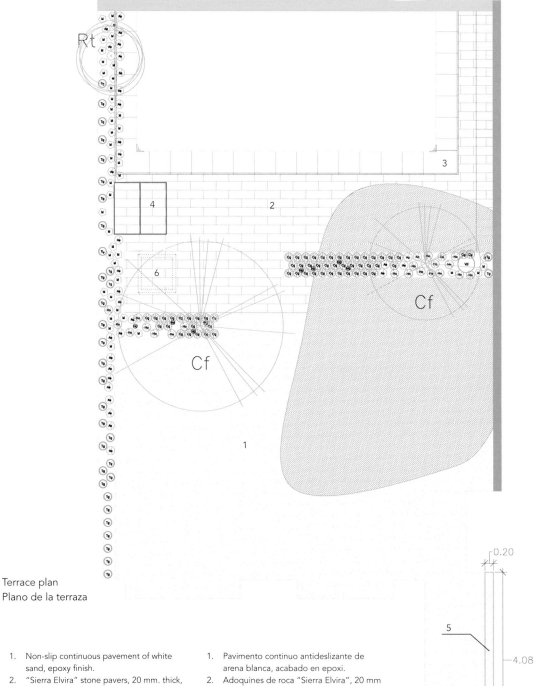

Terrace plan
Plano de la terraza

1. Non-slip continuous pavement of white sand, epoxy finish.
2. "Sierra Elvira" stone pavers, 20 mm. thick, running bond.
3. "Sierra Elvira" stone pool coping.
4. Access hatch to pool equipment.
5. Herb garden.
6. Outdoor shower.

1. Pavimento continuo antideslizante de arena blanca, acabado en epoxi.
2. Adoquines de roca "Sierra Elvira", 20 mm de grosor, en hilera.
3. Bordillo de piscina de roca "Sierra Elvira".
4. Trampilla de acceso al equipamiento de la piscina.
5. Jardín de hierbas aromáticas.
6. Ducha exterior.

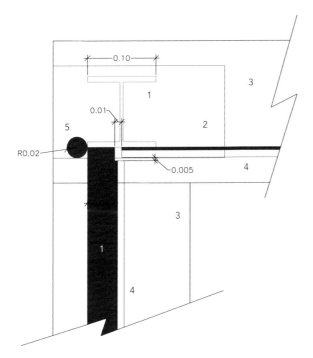

Plan detail at garden gate and Prodema® fence
Plano detallado en portón de garaje y valla Prodema®

1. Steel angle HEB 100 mm. x 100 mm.
2. Steel plate 10 mm. thick.
3. Concrete footing.
4. Prodema® panel glued with Sikaflex® adhesive.
5. Steel hinge.

1. Ángulo de acero HEB de 100 mm x 100 mm.
2. Placa de acero de 10 mm de grosor.
3. Base de hormigón.
4. Panel Prodema® pegado con adhesivo Sikaflex®
5. Gozne de acero.

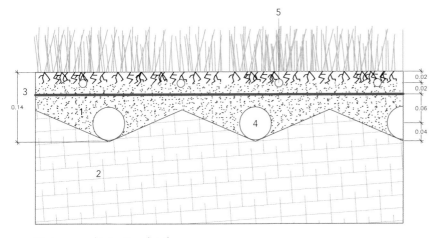

Drainage and irrigation detail
Desagüe y regado

1. Washed gravel for drainage.
2. Natural ground.
3. Geotextile separation layer between drainage and irrigation systems.
4. Drainage pipe DN 65.
5. Rain bird® XFD2333200 irrigation system.

1. Grava lavada para desagüe.
2. Suelo natural.
3. Capa de separación geotextil entre los sistemas de desagüe e irrigación.
4. Tubería de desagüe DN 65.
5. Sistema de irrigación Rain bird®

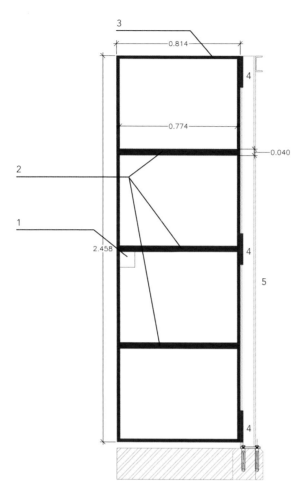

1. Lock
2. Steel tube 40 mm. x 40 mm.
3. Steel tube 40 mm. x 200 mm.
4. Hinge welded to steel tube
5. Steel angle HEB

1. Cerrojo
2. Tubo de acero de 40 mm x 40 mm
3. Tubo de acero de 40 mm x 200 mm
4. Gozne soldado a tubo de acero HEB
5. Ángulo de acero HEB

Steel tube gate elevation
Elevación del portón de tubos de acero

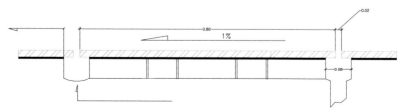

Section through outdoor shower pan
Sección transversal del plato de ducha exterior

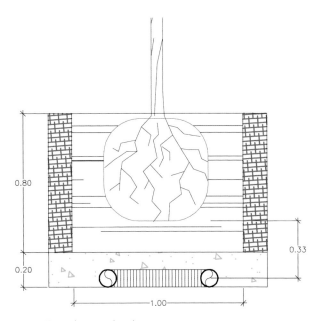

Tree planting detail
Plantado de árboles

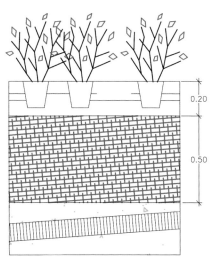

Bushes and plants planting detail
Plantado de arbustos y plantas

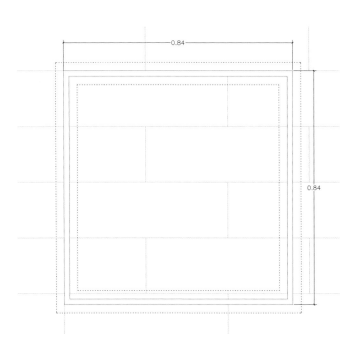

Plan of outdoor shower pan
Plano para el plato de ducha exterior

The harmonious combination of traditional materials such as Sierra Elvira marble and contemporary ones such as the wood composite enclosure creates a warm and functional environment.

La combinación en armonía de materiales tradicionales nobles como el mármol de Sierra Elvira y otros contemporáneos como el composite de madera del cerramiento crea un entorno cálido y funcional.